Felix Franke

Die praktische Spracherlernung auf Grund der Psychologie

und der Physiologie

der Sprache dargestellt

Felix Franke

Die praktische Spracherlernung auf Grund der Psychologie und der Physiologie
der Sprache dargestellt

ISBN/EAN: 9783744658942

Hergestellt in Europa, USA, Kanada, Australien, Japan

Cover: Foto ©ninafisch / pixelio.de

Weitere Bücher finden Sie auf **www.hansebooks.com**

DIE

PRAKTISCHE

SPRACHERLERNUNG

AUF GRUND

DER PSYCHOLOGIE UND DER PHYSIOLOGIE
DER SPRACHE DARGESTELLT

VON

FELIX FRANKE.

ZWEITE, VERBESSERTE AUFLAGE

BEVORWORTET VON

O. JESPERSEN.

LEIPZIG.

O. R. REISLAND.

1890.

VORBEMERKUNG ZUR ERSTEN AUFLAGE.

Es ist in den nachfolgenden Blättern der Versuch gemacht worden, etwas ausführlicher, als es bisher geschehen, die Frage nach der naturgemäfsen Methode für die praktische Erlernung lebender Sprachen, entsprechend der modernen Definition der Sprache — als eines psychischen Mechanismus mit physiologischen Äufserungen —, auf Grund der Psychologie und der Physiologie der Sprache zu beantworten. Wir haben dabei auf die bisher angewandten, rein empirischen Methoden, die trotz aller Verschiedenheiten untereinander für unseren Standpunkt wesentlich unter einen Begriff, den der Übersetzungsmethode zusammenfallen, nur insoweit Rücksicht genommen, als dies für die schärfere Charakterisierung der von uns vertretenen psychologischen Methode unumgänglich nötig schien.

Es ist vorerst nur eine Skizze, sind nur Umrisse, die wir bieten; eine Menge Detailfragen sind unerörtert geblieben; es war uns zunächst darum zu thun, die leitenden Ideen dem gröfseren beteiligten Publikum zugänglich zu machen, vor allem den Philologen, die heute zu einem guten Theile dazu neigen, in eine völlig einseitige, nur historische und meist ziemlich buchstabengläubige Sprachbetrachtung zu verfallen und dabei vergessen, dafs das allerdings ungemein wichtige Studium früherer Sprachperioden nur ein Teil des grofsen Gebäudes der Sprachwissenschaft ist.

Sorau N.-L., August 1883.

F. Fr.

VORWORT ZUR ZWEITEN AUFLAGE.

Diese neue Auflage ist ein Abdruck des mit handschriftlichen verbessernden Anmerkungen versehenen Exemplars der ersten Ausgabe, das mir Felix Franke überschickte, als ich im April 1884 eine Übersetzung ins Dänische vorbereitete. Der Verfasser ist im Jahre 1886 gestorben, — ich habe demselben im zweiten Bande der »Phonetischen Studien« eine kurze Biographie gewidmet — was ich also hier der deutschen Lesewelt übergeben kann, ist nur das Buch so wie es der Verfasser ein halbes Jahr nach dem Erscheinen gedruckt zu sehen wünschte. Wie ganz anders würde sich diese neue Ausgabe aber gestaltet haben, wenn es dem Autor vergönnt worden wäre, dieselbe selbst besorgen zu können!

Was hätte er nicht alles zu berichten gehabt über die Siege der von ihm verfochtenen Anschauungen, über die praktischen Erfolge der von ihm theoretisch empfohlenen Methode? Wie hätte er jetzt die Argumente, mit denen er einst als dreiundzwanzigjähriger Jüngling dem Konservatismus mutig entgegentrat, austiefen, wie die Einwendungen der Gegner niederschlagen können?

Es kann daher, wenn wir, seine Freunde, seiner gedenken, nicht anders geschehen als mit der Mischung von Freude über das von F. Franke Geleistete und dem Bedauern, dafs es ihm nicht beschieden war, sein Werk fortzusetzen!

Kopenhagen, August 1890.

Otto Jespersen.

Gemeiniglich wird der Gegensatz zwischen Wissenschaft und Praxis so aufgefafst, dafs man meint, da die Praxis nicht wissenschaftlich ist, müsse nun auch notgedrungen umgekehrt die Wissenschaft den praktischen Erfordernissen völlig fremd entgegenstehen. Es ist dies einer von den vielfachen Trugschlüssen, die als anerkannte Wahrheiten in der Welt herumgetragen werden. Genährt wurde dieser Glaube an die Unbrauchbarkeit der Wissenschaft für praktische Zwecke dadurch, dafs ihre Vertreter sich meist der praktischen Verwendung der Resultate wissenschaftlicher Forschung vornehm abkehrten, da eine derartige Anwendung ihrer selbst und der Wissenschaft gleich unwürdig sei. Es ist ein erfreulicher Zug unserer Tage, dafs nach dem Vorgange der Naturwissenschaft, die so unmittelbar ins Leben eingreift und die Geister zur Beobachtung geschult hat, auch die historische Wissenschaft sich nicht mehr scheut, von ihrer Scheinhöhe herabzusteigen und mehr und mehr praktisch zu werden; nicht nur vielfach Hypothesen durch direkte Beobachtungen ersetzt, Abstraktionen nicht mehr für Realitäten auszugeben anfängt, sondern auch ihren höheren Standpunkt,

ihren von naiv - einseitigem Beschauen weniger ge-
trübten Blick in die Praxis zu übertragen sucht, und
auf die Fakten, aus denen sie erwachsen, nun wieder
in schöner Wechselwirkung befruchtend zurückwirkt.
Die praktische Spracherlernung hat lange unter dem
Banne jenes Vorurteils darniedergelegen, und ihre
Principienlehre ist meist in Hände gefallen, die zu
allem andern Werke besser geschickt waren, als zu
diesem. Falsche Fragestellung hat falsche Antworten
erzeugt; die Ansichten über das Wie und Was der
Sprache waren vielfach so urweltlich - kindlich, wie
sie nur sein konnten, und so kann es denn nicht
Wunder nehmen, dafs erst jetzt, mit dem sich lang-
sam vollziehenden Umschwunge in der Sprachwissenschaft und mit ihrem Eindringen in weitere Kreise,
auch die praktische Spracherlernung sich anschickt,
in ihre zweite Phase zu treten.

Man hat vor allem, im Eifer eine Sprache zu
lehren, unterlassen, sich die grundlegende Frage vor-
zulegen, was denn die Sprache überhaupt sei. [1] Zwar
hatte schon WILHELM VON HUMBOLDT darauf hinge-
wiesen, dafs die Sprache »nichts Erzeugtes, kein
ἔργον, sei, sondern eine Thätigkeit, eine Funktion,
eine ἐνέργεια«, aber man fuhr fort, die Sprache als
etwas Konkretes, als ein »lebendes Wesen« hinzu-
stellen, und auch heute ist diese mystisch-poetische
Anschauungsweise noch lange nicht der Rumpel-
kammer anheimgefallen, in die man den alten Standpunkt für ein Dutzend anderer ähnlicher Begriffe,
wie z. B. in der Medizin der »Krankheit«, der
»Gesundheit« als konkreter Agentien und dergl. seit
längerer Zeit wohl definitiv gesteckt hat. Wir werden

---

[1] Man vergleiche hierzu besonders Steinthals *Typen des
Sprachbaues* (1860) und *Der Ursprung der Sprache* (3. Aufl.
1877).

zunächst das Wesen der Sprache mit HUMBOLDT für
einen blofsen psychischen Prozefs zu erklären haben.
und die Sprache des Individuums (als Ganzes) als
einen psychischen Mechanismus definieren können,
der mit Bewegungen der Sprachorgane [1] — die
physiologische Seite der Sprache! — assoziiert ist
und dessen Funktionen sich als Reproduktion und
Analogiewirkung kennzeichnen lassen. Das heifst
also: Sprache ist kein greifbares Objekt, kein lebendes Wesen. Sprache existiert nur in der Seele des
Individuums. Jedes Individuum hat seine eigene
Sprache, wie es seine eigenen Ideen hat. Man darf
demnach nicht vergessen, dafs, wenn man z. B. von
der deutschen Sprache redet, man damit etwas
ebenso Abstraktes bezeichnet, wie wenn man von
dem Handel, der Politik, der Wissenschaft Deutsch-
lands spricht, die, obwohl auf eine gröfsere Gemein-
schaft wirkend, doch wieder auf das Individuum
zurückzuleiten sind. [2]

Sprechen wir nun von einer Gesamtsprache, so
meinen wir damit meistenteils einen Durchschnitt
durch eine gröfsere oder kleinere Reihe von Individuensprachen — einen Durchschnitt, der, obwohl
keiner einzigen Individuensprache völlig gleich, doch
allen so nahe steht, dafs wir ihn als Typus der
ganzen Gruppe betrachten können, so dafs, wenn
es einem Individuum gelingt, diesen Durchschnitt
in seine Seele aufzunehmen und damit das speci-
fische Bewegungsgefühl zu assoziieren, es als Mit-
glied der betreffenden Sprachgenossenschaft angesehen werden kann und angesehen wird. Die Ab-

---

[1] Richtiger: Bewegungsgefühl.
[2] Hierzu wie für das Folgende ist Pauls ausgezeichnetes,
für jeden, der sich mit Sprachwissenschaft beschäftigt, unent-
behrliches Buch: *Principien der Sprachgeschichte* (1880) nach-
zulesen.

weichungen dieses Typus, der natürlich keine absolute Normalform sein kann, von den einzelnen Sprachsystemen werden nicht gefühlt, da es überhaupt nicht zwei Individuensprachen giebt und auch nicht geben kann, in denen die Gruppierung des ganzen Sprachstoffs gleich wäre. Man kann noch weiter gehen und zeigen, dafs selbst in derselben Seele die Lagerung und die Intensität der »Sprachgruppen« (s. u.) zu verschiedenen Zeiten verschieden ist. Man denke nur z. B. an die Verbreitung bestimmter Modewörter und -Ausdrücke, ferner an die Gewöhnung an fremde Dialekte in Form und Laut. Da unsere Sprachbeherrschung von der sprechenden Umgebung abhängt, ist stetes Zu- und Verlernen für jeden Sprechenden unvermeidlich.

Vergleichen wir nun zwei derartige Typen (Abstraktionen) miteinander, so zeigt sich, dafs sich beide streng individuell von einander abscheiden. »Die Sprachen sind so verschieden, wie das Bewufstsein der verschiedenen Volksgeister« [1]. Jedes Volk hat seine ihm eigene Art, die Vorstellungen zu Begriffen ins Wort zusammenzufassen und drückt die gegenseitigen Beziehungen derselben mit seinen eigenen formalen Mitteln aus und findet ebenso für die physiologische Form ganz individuelle Lautmittel. Erlernen einer fremden Sprache ist daher, – wenn richtig getrieben — ein Eindringen in ein fremdes Denken, in einen fremden Volksgeist. Wir kommen auf diesen Punkt noch einmal zurück, haben aber noch vorher einen andern für die Auffassung aller Sprechthätigkeit wesentlichen Umstand zu erledigen, nämlich den, dafs wir im Augenblicke des Sprechens vom Sprechen selbst nichts wissen, dafs die Sprechthätigkeit sich völlig unbewusst vollzieht. »Alle Äufserungen der Sprachthätigkeit fliefsen aus

---

[1] Steinthal, *Typen des Sprachbaus* p. 104.

diesem dunkeln Raume des Unbewufsten in der
Seele. In ihm liegt, was der Einzelne von sprach-
lichen Mitteln zur Verfügung hat, und wir dürfen
sagen, sogar etwas mehr, als worüber er unter gewöhnlichen Umständen verfügen kann, als ein höchst
kompliziertes psychisches Gebilde, welches aus
mannigfach untereinander verschlungenen Vorstellungsgruppen besteht« [1]. Wir haben uns ferner zu
vergegenwärtigen, dafs »alles, was je im Bewufstsein gewesen ist, als wirksames Moment im Unbewufsten bleibt« [2], und dafs »alle anfangs nur bewufst
wirkenden Vorstellungen durch Übung die Fähigkeit erlangen, auch unbewufst zu wirken« [3]. Unsere
Ziele beim Studium der Sprache können demgemäfs
zweifacher Art sein:

ENTWEDER suchen wir diesen unbewufsten Inhalt
der Seele bewufst zu machen; die Sprache wird damit Selbstzweck, wird Inhalt unseres Denkens;
wir bestreben uns dann, über die Zusammensetzung
der Sprachgruppen — d. h. der auf die Sprache
bezüglichen Vorstellungsgruppen —, über ihre Beziehungen zu einander, über ihr Verhältnis zu zeitlich voraufgehenden ähnlichen Gruppen oder zu
denen verwandter Sprachen u. s. w. Klarheit zu erlangen;

ODER wir wollen das Können der Sprache; d. h.
wir erstreben die Konstruktion eines ähnlichen unbewufst wirkenden Sprachmechanismus in unserer
Seele als Vehikel unseres Denkens und unserer Ge-
dankenmitteilung; mit einem Worte, wir suchen die
Sprache als Form unseres Denkens.

Man sieht nun sofort, dafs diese beiden Ziele
sich gegenüberstehen wie Wissen und Können, wie

---

[1] Paul, *Principien der Sprachgeschichte* p. 29.
[2] *ib.* p. 29.
[3] *ib.* p. 44.

Analyse und Synthese, wie bewufst und unbewufst. Allerdings ist es möglich, dafs beide Arten des Sprachstudiums (und der Sprachbeherrschung) sich im selben Individuum vereinigen können, doch immer nur so, dafs sie sich zeitlich ausschliefsen, denn es ist selbstverständlich unmöglich, dafs die Sprache das Denken unbewufst begleiten und zugleich bewufster Inhalt desselben Denkens sein kann; z. B. kann der Satz *Die Erde ist rund* sowohl Inhalt, als Form des Denkens sein, aber nie Inhalt und Form zugleich.

Ich will nun hier das erste dieser beiden Ziele, das linguistische Sprachstudium [1] — Zergliederung der Sprache als Selbstzweck — auf sich beruhen lassen und mich nun, nachdem wir die grundlegende Vorfrage, was Sprache ist, erledigt haben, mit den von der Physiologie und Psychologie gebotenen Hilfen der Beantwortung unserer Hauptfrage zuwenden: Auf welchem Wege kann man einen fremden Sprachmechanismus bis zur völligen Beherrschung — d. h. so, dafs er das Denken ebenso unbewufst begleitet wie die Muttersprache, dafs er Denkform wird — mit möglichst geringem Zeit- und Kraftaufwande in die Seele aufnehmen?

Wir werden zu diesem Behufe zunächst die natürliche Spracherlernung zu betrachten haben. Wie lernt das Kind die Sprache — ohne Hilfe von Grammatik, Wörterbuch, Lektüre, Übersetzungen, Dinge, mit denen wir den Begriff der Spracherwerbung stets zu verbinden gewohnt sind? Wir bemerken da zunächst, wie dem Kinde nicht die Schrift und die Schriftsprache entgegentritt, sondern

---

[1] Das uns übrigens die nötigen Hilfsmittel für das praktische Studium zu liefern hat.

das lebendige Wort; wie es zu Anfang nur in einen
ganz beschränkten Kreis des Sprachstoffs eingeführt
wird, der zuerst nur die ihm ureigensten Bedürf-
nisse und was damit zusammenhängt, umfafst, und
sich mit diesen Bedürfnissen und dem ganzen Lebens-
kreise allmählich erweitert. Zu bemerken ist ferner,
dafs die Sprechformen, die das Kind lernt, einfach,
ungezwungen und idiomatisch sind.

Wesentlich nun ist hierbei, dafs das Kind die
Sprache von vornherein nur als Form seines Denkens
lernt: es erwirbt Begriff und Wort zugleich; die
Entwickelung des spezifisch menschlichen Bewufst-
seins ist mit der Spracherwerbung wesentlich iden-
tisch. Wie beim ganzen Menschengeschlechte wiederholt sich beim Kinde der Prozefs des Denkenlernens
an und durch die Sprache, wenn es auch dem Kinde
von heute insofern viel leichter gemacht ist, als
ihm das Gedankenmaterial, das die ersten Sprach-
gemeinschaften erst mühselig zu »entdecken« hatten,
durch Jahrtausende unausgesetzten Denkens und Sich-
mitteilens vertieft, bereichert und in der Sprache
aufgespeichert von seiner Umgebung fertig zugeführt
wird. So lernt das Kind die Sprache durch die
Sprache und zwar nicht nur mit dem Ohr, sondern
mit allen Sinnesorganen; von ganz besonderer Bedeutung aber ist der Gesichtssinn [1]. Jede neue
Sinneserregung findet in der Sprache ihren Ausdruck und die betreffende Vorstellung davon wird
mehr oder minder fest mit dem Worte so assoziiert,
dafs das Wort die Vorstellung und die Vorstellung
oder eine neue Empfindung das Wort sofort reproduziert. (Auf das bekannte Verhältnis zwischen
Empfindung — der »einfachsten psychologischen

---

[1] Welche grofse Rolle derselbe bei der ersten Sprach-
bildung gespielt hat, das hat L. GEIGER so beredt gezeigt.

Thatsache« — und Vorstellung — der Erinnerung
von Empfindungen — brauche ich hier kaum näher
einzugehen).

Die »Regeln« der Sprache, die der nationale
Sprecher, obwohl des Sprechens ganz unbewufst, so
sicher beherrscht und so genau befolgt, entstehen
in seiner Seele durch eine eigentümliche Lagerung
und Gruppierung der gehörten Formen, bei der
Gleiches sich mit Gleichem verbindet; und so bilden
sich gewissermafsen Schemas in der Seele, die nun
ihrerseits wieder — aus der Sprache entstanden —
auf die Sprache zurückwirken. Tritt z. B. ein neues,
noch nie gehörtes Wort, das also nicht reproduziert werden kann, in die Seele, so wird es sofort
von einer ganzen Gruppe angezogen. Ich nehme
an, man habe z. B. das Wort »sinbadisieren« [1] noch
nie gehört: man wird aber doch sofort imstande
sein, es richtig zu flektieren. Es reiht sich eben
in der Seele sogleich in eine ganze Gruppe, zunächst in die Verben auf -ieren und mit diesen in
die schwachen Verben, ein. Es ist dies was man
»Analogiebildung« in der Sprache nennt. Wie schon
oben (bei der Definition der Sprache) erwähnt, verläuft der gesamte Sprachprozefs einzig und allein
in Reproduktion schon gehörter Formen und in
Bildung neuer nach Analogie schon gehörter [2].

Dabei kommt es oft genug vor, wie sich nach-
weisen läfst, dafs auch schon gehörte Formen, die
im Augenblick nicht reproduziert werden, nach Ana-

---

[1] Von Spielhagen z. B. mehrfach in seiner Novelle »Auf
der Düne« gebraucht.

[2] Ausführlich hat PAUL in dem schon genannten, treff-
lichen Buche die Bildung der auf die Sprache bezügl. Gruppen,
die Wirkung der Proportionen, den Reihenparallelismus in Be-
zug auf die Funktion u. s. w. dargestellt. Wir verweisen den
Leser nochmals auf dieses Buch.

logic von andern gebildet werden. In diesem Falle
geschieht es dann zuweilen, dafs diese neugebildeten
Analogieformen von den traditionellen Formen ab-
weichen, und diese neuen Bildungen werden je nachdem als »Kühnheiten«, »Sprachfehler« oder »neue
Formen« betrachtet werden. Die Sprachhistorie hat
sie bisher meist mit dem ganz unberechtigten Namen
»falsche Analogieen« bezeichnet, während doch
offenbar nur das Produkt das Abweichende ist, die
Analogie selbst aber vollkommen richtig wirkt.

Bei genauerer Beobachtung eines Sprachtypus
zeigt sich nun aufserdem, dafs überall ein gewisses
Material völlig oder teilweise aufserhalb dieser
Gruppen steht. (»Ausnahmen« u. s. w.) [1]. Dieser
»isolierte« Sprachstoff kann nach dem Gesagten nur
durch Reproduktion verwendet werden und ist daher rein gedächtnismäfsig zu lernen. Gerade diesem
Teile des Gesamtmateriales gegenüber ist der die
Sprache auf natürlichem Wege Lernende — das
Kind also — der Möglichkeit des Fehlermachens
am meisten ausgesetzt, da es immerhin Sache des
Zufalls ist, ob er alle diese Formen hört und sich
einprägt, oder nicht. Aber auch die Gruppenbildung
ist der Lückenhaftigkeit — wenn auch in geringerem
Grade — ausgesetzt, da auch sie nur auf dem zufällig zugeführten Sprachstoffe beruht. Man sieht,
diese Art der Spracherlernung fordert, ehe sie zu
völliger Sicherheit führt, eine ausgedehnte Gelegenheit des Hörens, der Erfahrung, da nach den Ge-
setzen der Wahrscheinlichkeitsrechnung nur durch
die Vermehrung der Fälle das Zufällige schwindet:
sie fordert demnach auch viel Zeit.

---

[1] Vom Standpunkt der Sprachgeschichte erweisen sich
diese Ausnahmen und Unregelmäfsigkeiten meist als kleinere
Gruppen oder als Überreste früherer Regeln, d. h. Gruppen.

Überschauen wir noch einmal kurz die Hauptmomente der natürlichen Spracherlernung, so haben wir zu betonen, dafs die Sprache von vornherein nur als Form des Gedankens gelernt wird, dafs alle Sinne, vornehmlich der Gesichtssinn, eine ungeheure Rolle darin spielen, dafs die Regelbildung unbewufst vor sich geht, dafs die Spracherlernung innerhalb einer Sprache vorgenommen wird, und dafs sie endlich nur die gesprochene Sprache (noch enger: die Familiensprache) zum Objekte hat.

Mit dieser Art der Spracherlernung zusammengehalten, erweist sich die bisher übliche Methode künstlicher Spracherlernung als durchaus ungenügend. Das Verhältnis zwischen beiden ist ähnlich dem zwischen der Lektüre des BÄDEKER mit seinen sehr nützlichen und zuverlässigen Angaben über allerlei statistische und sonstige Dinge und einer frischen Streiferei durch ein Alpenland: man erreichte manches, aber nicht recht das, was man erstrebte. Man lernte die Sprache vielmehr als Inhalt, man lernte sie bewufst und nahm meist Schrift und Schriftsprache als gleichwertig mit Laut und gesprochener Sprache; vor allem aber lernte man die fremde Sprache fast immer innerhalb der eigenen Sprache. Die alte Methode — die Übersetzungsmethode, wie man sie vielleicht kurz charakterisieren könnte — drängte darauf hin, im Sinne des eigenen Volksgeistes, nicht in der fremden Sprache, sondern nur mit fremden Wörtern und Wortformen (zudem fast immer mit mehr oder weniger muttersprachlicher Lautinterpretation) zu sprechen und zu denken. Man war meist weit entfernt davon mit der fremden Sprache auch fremdes Denken zu lehren und zu lernen. Man hatte die Individualität der einzelnen Sprache überhaupt so viel als nur immer möglich verwischt, und alle Sprachen wohl oder übel in den Rahmen

der lateinischen gespannt oder gezwängt und so
auf Kosten der Wahrheit einen Anschein von Gleich-
mäfsigkeit erzeugt, den neuere Forschung mit ihrem
Bestreben die Sprachen als individuell zu fassende
Denkformen zu betrachten und dementsprechend
darzustellen, anfängt, als groben Irrtum zu erweisen.
Man hatte zumeist keine klare Vorstellung davon,
in welchem Grade die Sprachen von einander ab-
weichen, wie jede Sprache ihre eigenen Laute und
Formen, ihre eigenen an Wörter gebundenen Vor-
stellungskomplexe hat, — dafs somit Urteile (Sätze)
wesentlich nur als Ganzes[1] übertragbar sind; dafs
man übersetzen nur in eine Sprache kann, die man
schon — bis zu einem gewissen Grade — beherrscht;
dafs es demnach vergeblich und, wie sich noch
zeigen wird, nicht blofs das, sondern gradezu schäd-
lich ist, den Anfänger in eine Sprache übersetzen
zu lassen, die er noch nicht kennt.

Wir werden uns nun jedenfalls an die natürliche Spracherlernung, soweit denkbar, anschliefsen
müssen, haben aber dabei zu bedenken, dafs wir
zunächst mit einem geringeren Mafse an Zeit und
Gelegenheit rechnen müssen, die Sprache zu sprechen,
zu hören und zu schreiben, als der Nationale zur
Verfügung hat, und dafs wenn wir vor dem Kinde
den Vorteil des Denkenkönnens und der Beherrschung
eines Systems voraus haben, wir auf der andern
Seite in der wenn auch virtuosen, so doch durchaus einseitigen muttersprachlichen Gewöhnung ein
mächtiges Hemmnis erblicken müssen, da die Muttersprache unser Denken in ihren Ausdrucksformen
festhält und durch die lange Übung so innig mit

---

[1] The whole sentence . . . is the only possible unit of
thoughts. Sayce, Introduction to the Science of Language I
p. 111.

ihm verknüpft ist, dafs es uns zu Anfang nur schwer gelingen will, andere Bahnen für die Vorstellungsreproduktion einzuüben. Gleichen Widerstand leistet die einseitige Gewöhnung der Sprachorgane, die durch die unendlich oft eintretende Wiederholung derselben Bewegungen die feinsten Lautnüancen der Muttersprache absolut mühelos reproduzieren, bei den auf ganz anderer Basis erzeugten Lauten fremder Sprachen aber konstanten Schwierigkeiten begegnen, die ebenfalls nur durch sorgsame Einübung der neuen Bahnen zu heben sind. Dazu gesellt sich noch der Umstand, dafs auch das Ohr, durch stetes Hören des Lautsystems der Muttersprache für die feinsten Schattierungen ihrer Laute erzogen und hier meist ungemein empfindlich, einer fremden Sprache gegenüber sich relativ ziemlich stumpf erweist.

Wir werden nun diese Faktoren in Betracht zu ziehen haben, wenn wir versuchen, unsere künstliche an die natürliche Spracherlernung anzuknüpfen.

Wir werden für das bequeme Lernen das schnelle Lernen eintauschen, Kraft ausgeben, um Zeit zu sparen, und Quantität durch Intensität ersetzen. Im übrigen wollen wir möglichst versuchen, uns mit der natürlichen Spracherwerbung in Einklang zu setzen.

Und zwar zuvörderst, —

INDEM wir uns auf das engere Gebiet der gesprochenen Sprache, der wirklichen Sprache, beschränken. Dieser bei sorgfältiger Beobachtung ungeheure Gegensatz zwischen der künstlichen und der natürlichen Form der Sprache wurde von der alten Methode kaum geahnt und noch weniger irgendwie praktisch nutzbar gemacht.

INDEM wir ferner, soviel irgend ausführbar, die Sinnesorgane, besonders Auge und Ohr, zu Hilfe

nehmen, um das gesprochene Wort möglichst mit
dem Begriffe zu assoziieren, statt, wie das bisherige
System, das Symbol (die tote Schriftform) des
fremdsprachlichen Wortes mittelst des Auges an das
Wort der Muttersprache zu knüpfen.

INDEM wir die Sprache an der Sprache zu lernen
suchen und so die Ausdrucksformen möglichst unbewufst in die Seele aufnehmen.

INDEM wir die fremde Sprache als individuellen
Organismus fassen und die Spracherlernung, soweit
dies möglich ist, innerhalb der fremden Sprache
vornehmen. Übersetzungen aus der Muttersprache
in die fremde sind ausgeschlossen!

Betrachten wir nun den einzuschlagenden Weg
genauer:

I. LAUT: — Wir haben die Schwierigkeiten,
die unsere Sprachorgane und unser Ohr in den
fremden Lauten finden, schon hervorgehoben und
zugleich ausgesprochen, dafs diese Schwierigkeiten
nur durch lange Übung überwunden werden können.
Und zwar, wie wir jetzt hinzufügen können, am
leichtesten und sichersten durch systematische
Übung. [1] Eine systematische, durch Zeichnungen
zu unterstützende Lauterklärung scheint allerdings
ein Umweg, ist aber in der That eine durchaus
notwendige Vorbedingung für eine rationelle Zungen-
und Artikulationsgymnastik, und führt, wie wir aus
Erfahrung behaupten können, sehr viel schneller zu
einer wirklich nationalen Beherrschung eines fremden
Lautsystems, als die rein praktische Übung, durch
die überhaupt nur die Leute, die ein »glückliches
Ohr« haben — besonders die Kinder, deren Organe

---

[1] Für das Studium der Laute verweise ich auf Vietors
Elemente der Phonetik (1884) und Sweets handbook of phonetics. Vgl. auch Schröer, über den Unterricht in der Aussprache
des Englischen (1884).

noch biegsamer sind — ihr Ziel erreichen, während
die andern, die dies nicht besitzen, mit dem blofsen
Hören der Laute dem Ziele immer fern bleiben und
alles Streben danach gewöhnlich auch bald aufgeben,
weil sie zu der Erkenntnis kommen, dafs sie auf
diesem Wege doch nie etwas erreichen. Ich kann
mir nicht versagen, hier einen der hervorragendsten
Sprachforscher unserer Zeit zu citieren: »Für solche,
die ein nur mittelmäfsiges Ohr haben, und mehr
noch für solche, die ein schlechtes Ohr haben, ist
systematische Schulung der Organe unentbehrlich.
Es ist aufser aller Frage, dafs sorgfältig geschulte,
biegsame Organe in Verbindung mit einem mittel-
mäfsigen Ohre bessere Resultate erzielen, als ein
selbst ausnahmsweise gutes Ohr ohne systematische
Übung. Ebenso wenig darf man vergessen, dafs
Feinheit des Ohrs nicht notwendig mit geschmeidigen
Sprachorganen verbunden ist. Was gemeiniglich ein
gutes Gehör genannt wird, d. h. die Fähigkeit, Laute
nachzuahmen, hängt ebenso sehr von Biegsamkeit
der Organe als von Feinheit des Ohrs ab« [1]. Ich
bin oft genug den weitgehendsten Erwartungen auf
die heilsame Wirkung des »Auslandes« begegnet,
und habe in den meisten Fällen diese Erwartungen
unerfüllt gesehen. Der Verkehr mit Angehörigen
der fremden Sprachgenossenschaft wirkt meist nur

---

[1] »In the case of those who have only an average ear,
and still more of those who have a defective ear, organic
training is indispensable. There can be no question that flexible
organs well trained together with only an average ear, will
yield better results than even an exceptionally good ear without
organic training. Nor must it be forgotten that fineness of ear
is not necessarily accompanied by flexibility of the vocal organs.
Indeed, what is commonly called 'an ear for sounds', that is,
the power of imitating sounds, depends quite as much on organic
flexibility as on fineness of ear«. Sweet, *Handbook of Phonetics*,
p. 21.

auf die, die sich daheim schon sorgfältig vorbereitet
hatten. Ganz besonders wichtig ist es, sich von
vornherein eine genaue, klare Vorstellung von der
»Artikulationsbasis«[1] der betreffenden fremden
Sprache zu verschaffen: d. h. von der Lagerung
der Zunge, der Art der Lippenthätigkeit, mit einem
Worte von der für jede Sprache verschiedenen und
somit charakteristischen Einstellung des gesamten
sprechenden Mechanismus, aus der dann die Einzellaute natürlich folgen.

Ebenso ist zu betonen, dafs wir uns durchaus
auch an die Sprache einer gewissen Gegend halten
müssen, und nicht die Einzellaute der verschiedenen
Landschaften durcheinander würfeln dürfen, da wir
sonst für ein organisch gegliedertes Ganzes eine
»*rudis indigestaque moles*« einsetzen würden. Am
besten wählt man hier natürlich die Laute der gewissermafsen als Norm geltenden Gegenden — meist
der Hauptstadt. So für Französisch Paris, für Englisch Süd-England (London), für Spanisch Kastilien
(Madrid), für Italienisch die Toskana (Florenz), für
Deutsch Norddeutschland (Hannover? Berlin?)[2] u. s. w.

An diese Forderung, die Laute national zu
lernen, reiht sich als notwendige Konsequenz die
zweite, vom wirklichen Worte auszugehen. Man
vergifst gewöhnlich, dafs, was man »Aussprache«
nennt, in der That das wirkliche Wort ist, und er-
blickt das Wesentliche meist in dessen orthogra-
phischem Symbol (dem *Spelling*, wie die Engländer
sagen), das in den meisten Fällen auf eine frühere
Wortform weist und oft genug noch die zur Zeit
der Einführung des Buchdrucks oder bald hinter-

---

[1] Vgl. dazu Sievers. *Phonetik* p. 83. Storm. *Engl. Philologie*
p. 32 und Vietor. *Phonetik* p. 182.
[2] »Hochdeutsch im Munde des Niederdeutschen«. wie in
Italien: *Lingua toscana in bocca romana.*

her gesprochene Sprache repräsentiert. So wird
z. B. das englische Wort (nait) 'Ritter' bekanntlich
knight geschrieben, — eine Schreibung, die sich
durch den bedauernswerten, egoistischen, aber leicht
erklärlichen Konservativismus, der sich bei allen
schreibenden Nationen wiederfindet, noch aus der
Zeit erhalten hat, wo das Wort wirklich *knight* d. h.
(kniχt) war. Dazu kommt, dafs zur Zeit des Wieder-
auflebens der altklassischen Studien in Verbindung
mit diesem eine Strömung entstand, die der Sprachhistorie bewufst Rechnung tragen zu müssen ver-
meinte. Die Sache wird dadurch noch verwickelter,
dafs diese etymologische Richtung (die sich dann
in Deutschland innerhalb der GRIMMschen Schule
ähnlich wiederholt hat) vielfach über ihr eigenes
Ziel hinaus schofs und vielfach auch »historisch«
unberechtigte Buchstaben aus mangelnder Kenntnis
der Thatsachen einschob. So sind im Französischen
Schreibungen wie *aile* 'Flügel' statt des auch »historisch« richtigeren *èle*, die mittelfranzösischen (15.
und 16. Jahrhundert) *ceulx, faict, paulme, aulne* u. s. w.
u. s. w.[1], im Englischen *island, delight, foreign, sovereign*
(für *iland, delite, forein, soverein*) zu erklären. Diese
»etymologischen« Buchstaben haben sogar hie und
da, wie z. B. im französischen *obscur*, im englischen
advantage, auf die Aussprache zurückgewirkt, und
so den Irrtum der Schreibung auf das Wort übertragen.

Aus alledem erhellt die Forderung rein phonetischer Darstellung der Wörter für das Sprachstudium.
Leider ist dies eine Forderung, die bisher auf den
meisten Widerstand bei Denkfaulen gestofsen ist,
und die voraussichtlich den gleichen Widerstand
für einige Zeit noch finden wird, — schliefslich

---

[1] Noch jetzt in Eigennamen: *Perrault, Foucauld* etc.

wird sie eben doch durchdringen. Man lernt bei
dem bisherigen Systeme meist nicht die fremde
Sprache, sondern ihre »Orthographie«, der man dann
den fremden Lauten akustisch mehr oder weniger
ähnliche Lautwerte unterlegt, und erreicht allerdings
in der Beherrschung dieser Orthographie meistens
eine Sicherheit, die einen englischen *charity boy* vor
Neid gelb machen könnte und bei amerikanischen
spelling bees glänzende Anerkennung finden würde;
das Wort selbst (die Aussprache!) findet weniger
freundliche Behandlung. Daher erklärt sich das schein-
bar befremdliche Faktum, dafs mancher, der Englisch oder Französisch daheim »perfekt« gelernt hatte,
in England und Frankreich sich nicht verständigen
kann und somit zu der trüben Idee gedrängt wird,
die Leute dort verständen ihre eigenne Sprache
nicht [1]).

Also noch einmal: wir haben vor allem die
fremden W ö r t e r zu lernen und erst in zweiter
Linie ihre S y m b o l e.

II. INNERE FORM: — Wir wollen die Sprache
an der Sprache lernen: wir fangen daher mit einem
phonetisch geschriebenen T e x t e an, der vor allem
nicht isolierte Wortformen, sondern den Satz als
Ganzes darzustellen hat, und fügen ihm die übliche
Orthographie bei. Eine Belastung des Gedächtnisses
bilden die phonetisch geschriebenen Wortbilder,
vorausgetzt, dafs sie stets sogleich im Laute um-
gesetzt werden, durchaus nicht. Den Inhalt unserer
Texte bilden Gespräche (die möglichst durch direkte
Beobachtung zu gewinnen sind!) und kleine ebenso

---

[1]) Gradezu verderblich hat diese Unfähigkeit zwischen
Wort und Symbol. Laut und Buchstaben zu unterscheiden. in
der historischen Sprachwissenschaft gewirkt. die erst in neuester
Zeit mehr anfängt, unter der Schrift die Sprache zu finden.

anspruchslos-idiomatisch geschriebene Erzählungen ohne individuellen Stil. — Diese Texte werden zunächst Wort für Wort übersetzt und erklärt und in ihrer äufseren (Laut-) Form n a t i o n a l eingeübt und sodann wörtlich auswendig gelernt. Wir erhalten auf diese Weise einen bestimmten Grundstock an Satztypen, lernen Formen und richtig verwendete Wörter und machen Mund und Ohr die lautliche Seite der Sprache geläufig. Zur Kontrolle geben wir den eingeübten Text schliefslich noch schriftlich in der gewöhnlichen Orthographie wieder.

Neben diesen sorgfältig zu studierenden und einzuübenden Texten lesen wir bald ähnliche Texte (manche Kinderschriften dürften sich dazu eignen) flüchtiger, um so eine etwas weiterreichende Bekanntschaft mit der Sprache zu erzielen und uns zugleich von dem intensiven Studium etwas dabei zu erholen.

Es ist nun klar, dafs wir, um uns in Besitz einer Sprache zu setzen, uns nicht nur in der Reproduktion bestimmter Satztypen etc. zu üben haben, sondern auch bald zur Produktion schreiten müssen. Aus Gründen, die wir zum Teil schon oben auseinandergesetzt haben und die zum Teil noch bei der Frage des Vokabellernens zur Sprache kommen werden, müssen wir uns nachdrücklich gegen alle Übersetzungen a u s der Muttersprache erklären und sehen gerade in diesen Übersetzungen einen der gröfsten Fehler der alten Methode. An Stelle dieser Übersetzungsübungen treten f r e i e A r b e i t e n — in der Hauptsache Briefe, die für die grofse Mehrzahl auch der Gebildeten die einzige Form litterarischer Bethätigung sind, — und S p r e c h ü b u n g e n, die ebenfalls sorgfältig vorzubereiten und im möglichsten Anschlufs an die eingeübten Gespräche vorzunehmen sind. Selbstverständlich ist jede Gelegenheit, die

Sprache im Verkehr mit Eingeborenen zu verwenden, wertvoll und mufs daher eifrig benutzt werden.

FORM UND SATZ: — Wie wir oben sahen, bildet sich bei der natürlichen Spracherlernung von selbst das Schema für Flexion und Funktion in der Seele; wir sahen aber zugleich, dafs diese Art des unbewufsten Lernens sehr viel empirisches Material nötig macht und dafs die gefundenen Regeln eben nur im Umfange dieses zufällig erlangten Sprachstoffs giltig waren, während wir durch Benutzung eines durch Beobachtung einer Reihe von Individuensprachen gewonnenen Schemas (Typus) uns den Weg wesentlich abkürzen und dem Zufall vorgreifen können: wir haben also die unbewufst gebildeten Regeln bewufst zu korrigieren und systematisch zu ergänzen, um auch hier wieder, was wir ja als eins unserer Ziele bezeichneten, durch Kraft Zeit zu ersparen. Wir müssen uns hier aber sofort gegen den Vorwurf schützen, als wollten wir die G r a m m a t i k für die S p r a c h e ausgeben; auch bei systematischer Bearbeitung der Flexionen und besonders der syntaktischen Verhältnisse werden wir wieder möglichst von der Sprache — von Sätzen — auszugehen und aus diesen die Regeln zu lernen haben. Auch hier soll die Grammatik nur zur Illustration der Sprache dienen, nicht die Sprache zur Illustration der Grammatik.

Unsere Grammatik nun — die Systematik der allgemeinen Ausdrucksformen — hat zunächst nur, und zwar möglichst übersichtlich, einen knappen Durchschnitt durch die g e s p r o c h e n e S p r a c h e zu geben, und zwar ist überall nicht nur der korrekte, sondern der idiomatische Ausdruck zu betonen: man kann bekanntlich eine Sprache »grammatisch« völlig korrekt sprechen, ohne auch nur

einen Satz so zu formen, wie ein Nationale ihn
aussprechen würde[1].)

Stamm und Endung sind so von einander ge-
sondert zu halten, dafs ein intensives Gefühl für
die Analogie erzogen wird. Alle Seltenheiten und
Kuriositäten, die nur in verlorenen Winkeln alter
Grammatiken ihr Leben mühselig fristen, sind selbstverständlich zu meiden. Die isolierten, aufserhalb
der Gruppen stehenden Formen sind besonders zu
betonen, und weil sie nur gedächtnismäfsig reproduziert werden können, auch dem Gedächtnis sorgfältig einzuprägen. Von den Partikeln gehören der
Grammatik nur die allgemeinen Züge an, nicht aber
die speciellen Verwendungsweisen, die weil lexi-
kalischer Natur, dem Vokabular zufallen.

Indem wir uns so auf das heute wirklich Gesprochene und Gebräuchliche beschränken und den
Lernenden nicht mit dem Wuste von Einzelheiten,
die früheren Jahrhunderten oder dem verkünstelten
Stile der Prosa oder der ganz abweichenden Dichter-
sprache angehören, belasten und die Erlernung
dieser Dinge für den Moment aufschieben, wo
ihm die gesprochene Sprache im wesentlichen
schon geläufig ist — ein Punkt, in dem wir ebenfalls nur der natürlichen Spracherwerbung folgen
— geben wir zugleich mehr und weniger als die
alte Methode, die, weil sie die verschiedenen Stilgattungen, die sich in gewisser Beziehung fast wie
verschiedene Mundarten gegenüberstehen, nicht
schied, dem Lernenden einen zähen Brei von Wahrem

---

[1] So lehren z. B. deutsche Grammatiken für Ausländer
dem Anfänger meistens: 'eilen Sie' — 'dieses ist mein Bruder'
etc. während die idiomatischen gesprochenen Formen sind.:
'beeilen Sie sich'. oder 'machen Sie schnell' — 'das [hier] is[t]
mein Bruder. Vgl. Ellis, Early English Pronunciation p. 22.

und Falschem vorsetzte, an dem dieser sich den
Geschmack — auch im übertragenen Sinne — meist
für immer gründlich verdarb.

Es erübrigt bei Besprechung unserer Grammatik
noch zu einem vielumstrittenen Punkte Stellung zu
nehmen, der Frage nämlich, in wie weit die Resultate der modernen historischen Sprachforschung in
das praktische Sprachstudium einzuführen sind. Wir
meinen, dafs sich die Antwort unmittelbar aus der
Frage selbst ergiebt: sie sind allerdings zu verwerten,
aber nur so weit sie praktischer Natur sind, so weit
sie sich rein auf den gegenwärtigen Sprachzustand
beziehen. Wir werden z. B. — um aus der grofsen
Masse der hierher gehörigen Fakten nur zwei heraus-
zugreifen — die Erkenntnis, dafs eine Form wie
loving im Englischen in gewissen Fällen Participium,
Verbaladjektiv, in gewissen andern dagegen Verbal-
substantiv ist[1]), ganz ohne weiteres, weil von hoher
praktischer Bedeutung, für unsere Grammatik nutzbar zu machen haben. Ebenso empfiehlt es sich
durchaus, die zuerst von CHABANEAU aufgestellte Ein-
teilung der französischen Konjugationen in l e b e n d e
und a r c h a i s c h e[2]) — zwei Gruppen, statt der
jetzigen vier »regelmäfsigen« und »unregelmäfsigen«
Konjugationen — die funktionell mit unserer schwachen
und der starken Konjugation zusammenzustellen sind,
in unsere »praktische« Grammatik einzuführen. An-

---

[1]) Die beiden Formen waren bekanntlich ursprünglich ge-
schieden (cf. Storm, *Eng. Phil.* p. 9. Anm.) und sind es noch
in einigen schottischen und nordenglischen Mundarten: cf. Mur-
ray, 'The Dialect of the Southern Counties of Scotland' p. 81.

[2]) »Ce [les conjugaisons vivantes] sont les seules qui
aient jamais servi et qui servent encore à former de nouveaux
verbes, la première [die auf -er] avec des substantifs, la seconde
[die auf -ir] avec des adjectifs.« Chabaneau, *Histoire et théorie
de la conjugaison française.* (1878) p. 43.

dererseits ist zu bedenken, dafs die historische
Sprachforschung viele Bezüge zum Bewuſtsein bringt,
die für die praktische Sprachbeherrschung nur hem-
mend wirken können, und dafs nicht nur das etymologische Gefühl, sondern auch die Schwächung desselben, die man an Eigennamen bei ihrer natürlichen
Neigung zur Isolierung am bequemsten beobachten
kann, wichtig ist. Ähnlich steht es mit einem Teile
der sog. »Volksetymologien«: für das praktische
Sprachstudium ist es entschieden wesentlicher zu
wissen, dafs das »Sprachgefühl« des Eingeborenen
Wahnsinn durchaus mit *Wahn* assoziiert, als das
historische Verhältnis — dafs dieses *Wahn* in *Wahnsinn* ein ehemaliges *wan-* (von gleicher Bedeutung
wie unser *un-*) fortsetzt — zu kennen.

Wir kommen nun noch zu einem sehr wesentlichen Punkte, den die alte Methode[1]) meist sehr
oberflächlich behandelte, da sie die psychologischen
Verhältnisse vollkommen unberücksichtigt liefs. Wir
sprechen von den

VOKABELN: — Neben den aus den Texten ge-
lernten Wörtern werden wir, wie oben bei der
Grammatik, um nicht auf gewisse Zufälligkeiten in
der Auswahl unseres Vokabelschatzes angewiesen zu
sein, einen systematischen Ausbau nicht entbehren
können. Für die gesprochene Sprache ist das
K ö n n e n , d. h. eine vollständige Beherrschung der
Wörter, eine beiderseitige Reproduktion, bei der
nicht nur das Wort die Vorstellung, sondern auch
die Vorstellung das Wort wachruft, von etwa

---

[1]) Das beste der mir bekannten Vokabulare. Ploetz' *Voca-
bulaire systématique*, von den völlig unbefriedigenden Nach-
ahmungen dieses Buches ganz zu geschweigen, ist zwar mit
vieler Liebe gearbeitet und enthält viel schätzbares und zuver-
lässiges Material, leidet aber doch an allen Mängeln der Übersetzungsmethode.

2000--3000 gutgewählten Wörtern vollständig hin-
reichend. Wir werden allerdings sehr viel mehr
noch so zu lernen haben, dafs wir sie wissen, dafs
wir sie verstehen, oder psychologisch ausgedrückt,
dafs das Wort den Begriff reproduziert, aber es ist
sehr viel leichter, diese einseitige Assoziation zu
knüpfen, die wir zudem späteren Stufen überlassen
können. Wir haben uns hier zunächst nur mit dem
Vokabular der Umgangssprache zu beschäftigen, das
uns den für Schreiben und Lesen unentbehrlich not-
wendigen Wortschatz zu liefern hat.

Auch hier werden wir von vornherein darauf
ausgehen, wieder Gruppen zu bilden, um Assoziation
und Reproduktion zu erleichtern, und können nun,
entsprechend den beiden Komponenten des Worts,
unser Vokabular entweder nach B e d e u t u n g s - oder
nach F o r m v e r w a n d t s c h a f t anordnen, oder aber
beide Einteilungen mit einander verschmelzen, und
zwar am besten wohl so, dafs die Bedeutungsver-
wandtschaft den Haupteinteilungsgrund bildet, und
die Formverwandtschaft ihr untergeordnet wird.

Beide werden sich derartig durchkreuzen, dafs
wir ein und dasselbe Wort je nach seinen Beziehungen
an mehreren Stellen unseres Vokabulars einzureihen
haben, was für die praktische Sprachbeherrschung
selbstverständlich nur von Vorteil sein kann.

Wenden wir uns nun zu der Betrachtung der
psychologischen Vorbedingungen des Vokabelstu-
diums. Was die Vorstellungsassoziation betrifft, so
halten wir die beiden Gesetze der Simultaneität und
der Succession für die Erklärung der betreffenden
Erscheinungen für völlig ausreichend. Beide Gesetze
zu einem zusammengefafst lauten in kürzester Form:
»Eine Vorstellung *A* hat die Tendenz eine andere
B zu reproduzieren, wenn diese gleichzeitig mit ihr
im Bewufstsein war oder ihr unmittelbar folgte.«

Man sagt dann, dafs, wenn A im Bewufstsein ist,
B virtuell (latent) vorhanden ist. Zu bemerken ist,
dafs Beiderseitigkeit der Reproduktionstendenz nur
im Falle der G l e i c h z e i t i g k e i t vorhanden ist,
während die A u f e i n a n d e r f o l g e nur einseitige
Reproduktionstendenzen erzeugt. (So kann man
bekanntlich das Alphabet wohl in der Reihe A - B -
C - - - Z, aber nicht in der Reihe Z - Y - X - - - A
hersagen.) Für unser Wörterstudium kommt wesent-
lich nur das Gesetz der Succession in Betracht mit
seiner einseitigen Reproduktion, die wir zur beider-
seitigen dadurch machen können, dafs wir denselben
Weg sowohl vorwärts wie rückwärts durchlaufen,
also $A \underset{\diamond}{\diamond}$ oder $A \longrightarrow B \longrightarrow A$.

Wir haben zunächst nun den Fall zu erwägen,
dafs ein Begriff B und ein Wort der Muttersprache
M innig verknüpft in der Seele vorhanden sind.
Beide Wege $B \longrightarrow M$, $M \longrightarrow B$ sind, da beide Vorstellungen sehr oft abwechselnd im Bewufstsein auf-
einander gefolgt sind, vollständig geläufig: es han-
delt sich jetzt darum, ein fremdsprachliches Wort F,
das sich in der betreffenden Sprache mit demselben
Begriff B verknüpft, in die Seele aufzunehmen.

Wir haben also das Schema: B
und es fragt sich nun, auf $\diamond$
welchem der beiden punktierten $\qquad F$
Wege wir die Verknüpfung am $\diamond$
besten vorzunehmen haben. M

Illustrieren wir dieses Problem noch durch ein
praktisches Beispiel: Wir haben zunächst durch den
Anblick eines oder mehrerer Türme uns den Begriff
dieser Art Gebäude gebildet und diesen Begriff B
gleichzeitig mit dem W o r t *Turm* ($= M$) assoziiert:

wir sollen jetzt das Wort (tū-r) 'tour' oder (tauə[r] [1]) 'tower' (= *F*) lernen. Verknüpfen wir nun dies Wort (*F*) wie die alte Methode *B* mit dem deutschen Wort *Turm*, so werden wir — beiderseitige Reproduktion vorausgesetzt — wenn wir einen Turm sehen

und ihn nun mit seinem französischen (resp. englischen) Namen nennen wollen, diesen erst dann finden, wenn wir zunächst uns das mit dem Begriffe zunächst verknüpfte deutsche Wort ins Gedächtnis rufen, das nun seinerseits erst das französische Wort auslöst (*B* ⊳ *M* ⊳ *F*).

Oder nehmen wir ein etwas komplizierteres Beispiel: wir haben in unserer Seele z. B. die Vorstellung eines von einem Turme fallenden Mannes. (Man bemerke hier beiläufig, was für die Spracherlernung von Wichtigkeit ist, dafs die Elemente dieser Gesamtvorstellung vollkommen gleichzeitig in der Seele auftauchen und existieren können, während die Sprache stets gezwungen ist, dieselben zu zergliedern, eine Operation, die, wie schon oben gezeigt, eine jede Sprache auf ihre individuelle Art vornimmt.) Wir wollen diese Idee nun einem Franzosen mitteilen.

Hatten wir nun die französischen Wörter mit den deutschen Wörtern, statt direkt mit den Begriffen, assoziiert (d. h. hatten wir Bahn *B*⊷*M*⊷*F* eingeübt), so sind wir, ehe wir dies Urteil französisch ausdrücken können, genötigt, den Satz erst deutsch zu formulieren; vielleicht *der Mann fällt von dem Turme*. Und nun löst *der Mann* das französische

---

[1]) Das *r* wird im Südenglischen bekanntlich nur vor unmittelbar folgendem Vokal. wie in (də tauərəv beibl) 'the tower of Babel', gesprochen. In Schottland und Irland spricht man es immer.

l'homme aus, das Wort *fällt* reproduziert *tombe, von dem Turme — de la tour.* Wir sehen hierbei zugleich, dafs, da wir auf diese Weise meist nur Wörter, nicht Satzformen und ganze Wortkomplexe assoziieren, hier gerade die Hauptquelle der »Germanismen« (vom französischen Standpunkt aus natürlich »Gallicismen«) zu suchen ist.

Denken wir uns dagegen, die Verknüpfung zwischen dem Begriffe B und B seinem fremdsprachlichen Aus- drucke F sei eine direkte, so löst B nach Belieben F aus, und F reproduziert B, so dafs M

z. B. jene Vorstellung des Turmes kombiniert mit der des fallenden Mannes direkt ihren französischen Ausdruck findet, ohne dafs wir nötig hätten, erst über das Deutsche zu gehen. Wir sprechen dann sofort als ganzen Satz aus: '*Cet homme tombe du haut de la tour*', ohne jenen Zickzackgang.

Schematisch dargestellt, gestaltet sich der Gedankenverlauf im Falle der von der alten Methode eingeschlagenen Bindung $B \diamond M \diamond F$ für einen ganzen Satz folgendermafsen:

$$\begin{cases} B \\ M \end{cases}$$

$$F \quad F \quad F \text{ etc.}$$

wo B das Denken, M die Muttersprache, die dieses Denken begleitet und innerhalb deren es verläuft, FFF die mit M assoziierten fremdsprachlichen Ausdrücke bezeichnet.

Bei der direkten Verknüpfung der Begriffe und der fremden Sprache $(B \diamond F)$ nimmt dagegen der Gedankenverlauf wie beim Denken in der Muttersprache die Form an:

$$\begin{cases} B \\ F \end{cases}$$

d. h. im ersten Falle geht er mit konstanten Hemmungen und künstlich, im zweiten glatt und natürlich von statten.

Wir müssen uns hier versagen, das *in praxi* noch etwas kompliziertere Verhältnis, das nur noch mehr zu Gunsten der von uns vertretenen Ansicht spricht, eingehender zu erörtern. Komplizierter ist die Sache in der Wirklichkeit deshalb, weil, was man Begriff nennt, einmal etwas rein der Vernunft Angehöriges, nichts Objektives, und dann etwas mehr oder minder Relatives, von jeder Sprache individuell Konstruiertes ist, und endlich das Denken nicht n e b e n, sondern i n n e r h a l b der Sprache verläuft, was sich freilich auf dem Papiere nicht darstellen läfst.

Unser Bestreben hat demnach darauf auszugehen, die Verknüpfung direkt herzustellen und zugleich einseitige Reproduktion möglichst auszuschliefsen, d. h. wir wollen die Assoziation $B \gtrless F$, statt der bisherigen $M \lessgtr F$ oder gar $M \diamond\!\!-\!\!F$ oder $M\!\!-\!\!\diamond F$.

Wir schlagen nun dementsprechend vor, die Muttersprache so wenig wie möglich zu benutzen, und zwar zumeist nur zur Erklärung, und nur im Notfalle zur Übersetzung eines Wortes zu greifen. Eine Erklärung zwingt stets bis zum Begriff zurückzugehen, während das Wort der Muttersprache viel weniger notwendig den Begriff reproduziert (resp. ein Vorstellungsbild erzeugt); besonders beim massenhaften Vokabellernen zeigt sich der Übelstand, dafs das Wort oft tot bleibt. Man lese folgende Reihe von Wörtern: *Stuhl — Tisch — Bank — Baum — Buch — Besen — Treppe — Bein — Arm*: alles sehr geläufige Wörter, und doch wird man vielfach nur W ö r t e r lesen, ohne dabei Vorstellungsbilder der Objekte selbst zu haben.

So weit es möglich ist, bestreben wir uns vom Begriffe auszugehen, und zwar wird uns dies immer

da gelingen, wo wir den Begriff durch ein B i l d ersetzen können, das nach dem psychologischen Gesetz der Substitution sich an Stelle des in unserer
Seele befindlichen Vorstellungsbildes setzt und sofort dessen Reproduktionstendenzen übernimmt —
für praktische Zwecke demnach unbedenklich dem
Begriffe selbst gleichgesetzt werden kann.

Wir werden also von dem Bilde ausgehen und
dazu den fremden Namen des Objektes stellen. Mit
diesem nun assoziieren wir weiter die Ableitungen
und sonstigen formverwandten Wörter, die wir, soweit dies ausführbar ist, wieder durch Bilder, sonst
aber durch Worte e r k l ä r e n , aber wieder nicht
übersetzen, und zur Übersetzung nur, wo dies unvermeidlich oder aus praktischen Gründen geboten
ist, unsere Zuflucht nehmen.

Wo die alte Methode z. B. Folgendes gab (dabei entweder durchgängig vom deutschen, oder durchgängig vom fremden Worte ihren Ausgang nehmend):

lieben	*aimer* •
liebenswürdig	*aimable*
Liebhaber	*amateur*
Liebe	*amour* etc.

schlagen wir etwa vor :

lieb-en aim-er (e-me) [St. *aim-, am-*]

-*able:* — Endung -*able* (a-bl') bezeichnet
öfter, dafs die im (Verbal-) Stamm
ausgedrückte Thätigkeit vorzunehmen
ist oder vorgenommen werden kann;
so *mange*-able, *pardonn*-able, blâm-able
von *mang*-er (mā-že) 'ess-en', *pardonn*-er
(par-do-ne)'verzeih-en', blâm-er (blā-me)
'tadel-n', — ähnlich wie unser -*wert,*
-*bar.*

am-our (a-mū-r) 'Liebe'.

-eux: — Endung- *eux* (ö[z][1]) *fem. euse*
(ö-z) bezeichnet das Erfülltsein mit
einer Sache; so: *glori*-eux, *valeur*-eux,
chaleur-eux, von *gloire* (gl"ā-r) 'Ruhm'
valeur (va-lœ̄-r) 'Tapferkeit', *chaleur*
(ša-lœ̄-r) 'Hitze'.
Also: 'liebe-erfüllt, verliebt'.
am-ateur (a-ma-tœ̄-r) etc.

Wir haben hier absichtlich eins der schwierigeren
Beispiele gewählt, um zu zeigen, wie wir da verfahren
würden, wo wir innerhalb der »Sprache« bleiben
müssen, ohne Bilder zu Hilfe nehmen zu können.
Die scheinbare Inkonsequenz hier vom orthographi-
schen Symbol auszugehen, wird durch die Vorteile,
die uns andrerseits für die Assoziation dadurch geboten werden, wieder ausgeglichen, indessen ist
dies ein Punkt, über den sich vielleicht noch streiten
liefse. Für jetzt scheint mir jedenfalls dieser Gang
noch am geratensten.

Wir würden nun etwa Obiges auf die linke
Seite unseres Vokabulars setzen und auf der rechten
vor allem die nötigen Satzbeispiele geben, da die
Wörter aus ihrer Umgebung herausgerissen tot bleiben. Wir werden dazu Bemerkungen über die Laut-
form (so hier über den Wechsel zwischen [e] und
[æ] im Stamme von [e-me] 'aimer') geben und die
nötigen Erklärungen über den Bedeutungsumfang,
über die Abgrenzung desselben gegen den verwandter
Wörter (Synonymik), über syntaktische und sonstige
Verwendungen und Verbindungen (Phraseologie)
beifügen. Wir sind auf diese Weise sicher, dafs der
Lernende nur wirklich verstandene Wörter lernt,
dafs er sich nichts Falsches einprägt, was bei den
bisherigen Vokabularen, die nur Wort neben Wort

---

[1] Das (z) nur vor Vokalen, in der Bindung.

stellen, unvermeidlich, und dafs ihm beide Wege
(F—›B -›F) geläufig werden; durch die Trennung
von Stamm und Endung wird die Gruppenbildung
erleichtert und damit ein lebendiges Gefühl für die
Analogie gebildet; ferner bleiben wir auf diese Weise
wesentlich innerhalb der fremden Sprache. Viel
leichter wird die Sache da, wo wir Bilder benutzen
können.

 *pot*   (po-)
       -ier   (po-t^i e-)
       -eric   (po-t^e-rī-)

 *chap-eau* [-*el*-]   (ša-po.)
     -el   *-ier*   (ša-p^el^e-)
        -eric   (ša-pæ-l^e-rī-)
       [geschrieben *chapelleric!*]

Auch hier wieder haben wir, gerade wie oben,
nur die Bedeutung der Endungen zu erklären — was
natürlich nicht zu ewigen Wiederholungen zu führen
braucht — und der Lernende wird diese Wörter
wirklich durchdringen und sie bald ebenso beherrschen und verstehen, wie die der Muttersprache. Es
ist ganz unleugbar, dafs ein auf diesen Principien
erbautes Vokabular eine tiefere Einsicht in das Wesen
und den Bau des Materials einer gewissen Sprache
geben mufs, als unsere bisherigen Wortsammlungen.
Man vergleiche zur Probe dagegen:

Topf *pot*   Hut *chapeau*
Töpfer *potier*   Hutmacher *chapelier*
Topffabrik *poteric*   Hutfabrik *chapelleric*

und man wird an der psychologischen Richtigkeit

des von uns verteidigten Verfahrens nicht mehr zweifeln.

Man sieht, wir versuchen hiermit, auch die Vokabelkunde — das Stiefkind des Sprachunterrichts — auf eine wissenschaftliche Grundlage zu basieren und sie so auf eine höhere Rangstufe zu erheben, ohne deshalb in die völlig fruchtlosen Spekulationen und unnützen Spielereien der Dihmschen *Onomatik* zu verfallen, die die Wortkunde eher in Misskredit bringen könnte.

Was die praktische Einübung der Vokabeln betrifft, so erinnern wir nur im Vorbeigehen an die Selbstverständlichkeit des bekannten Spruches von der *repetitio mater studiorum*, der aller Spracherlernung als Motto dienen soll. Wir erklären uns aus einem Grunde, der uns beim Vokabellernen schon die Bahn über die Muttersprache verschmähen liefs, d. h. weil indirekte Assoziation ein Hemmnis für prompte Reproduktion der Endglieder ist, gegen alle mnemotechnischen Hilfen. Die beste Einübung des Wortschatzes ist die mechanische (die Verknüpfung durch öftere Wiederholung) und die judiciöse, wie Kant das Einprägen durch Aufsuchen inneren Zusammenhanges genannt hat. — Was das Quantum betrifft, so ziehen wir intensives einem massenhaften Vokabellernen durchaus vor, und glauben, dafs es vollkommen genügt, alltäglich einige Gruppen von im ganzen etwa 15—20 Einzelwörtern in jeder Beziehung sorgfältig einzuüben. Diese Forderung ist keineswegs bedeutend und doch beherrscht man etwa in sechs Monaten das für Sprechen und Schreiben zunächst nötige Quantum von mit den Begriffen assoziierten Wörtern. Aufserdem führt die Lektüre ja noch allerlei brauchbaren Stoff zu.

Hat man auf diese Weise die gesprochene Sprache sich zu eigen gemacht, was mit unserer

psychologischen Methode, da wir nur Notwendiges
und Richtiges richtig, naturgemäfs, lernen, nicht nur
zuverläfsig in kürzerer Zeit, sondern auch besser als
bisher meist geschehen kann, wenn wir auch aus-
drücklich betonen müssen, dafs ohne Arbeit auch
hier nichts erreicht wird, dafs es sich nur um ein
Weniger oder Mehr der Sprachbeherrschung, nicht
um ein Alles handeln kann, dafs es unendlich schwer
ist, auch nur die Muttersprache in ihren Höhen und
Tiefen zu kennen und zu beherrschen, so dafs es
auch in ihr nur wenige bis zu einer gewissen Voll-
endung bringen: — hat man also die Umgangssprache bis zu einem gewissen Grade beherrschen
gelernt, dann mag man zum Studium der Schrift-
formen der Sprache (Prosa — Poesie) übergehen.
Dies Studium erstreckt sich vor allem auf die aus-
gebreitete Lektüre mustergiltiger moderner Schrift-
steller. Daneben lese man Zeitungen, arbeite sich,
um die Wortkenntnis auch hier auszubreiten, an der
Hand von populär-wissenschaftlichen Werken (vielleicht der kleinen *Ecole mutuelle* und Mac Millan's
Science Primers) in die Terminologie des einem
schon bekannten Teiles der Wissenschaft ein, benutze
so viel als irgend möglich für die Nationalen be-
stimmte Wörterbücher, die statt einer Übersetzung
eine Erklärung in der fremden Sprache geben (von
kleineren z. B. LAROUSSE, *Petit dictionnaire* und STOR-
MONTH, *Etymological Dictionary*. von gröfseren das
Wörterbuch der Akademie und WEBSTER), man gehe
dann zur Ergänzung noch Vokabulare wie die von
PAUTEX und ROGET (*Thesaurus of English Words and
Phrases*) durch, und wird auf diese Weise ein natio-
nales Sprachgefühl für die verschiedenen Stilgattungen,
für ihre verschiedenen Formen in Grammatik und
Wort erwerben, was von der bisher üblichen Methode

nicht erstrebt wurde und was mit ihr nur wenigen
mit grofser Mühe gelang.

Zu gleicher Zeit mag man nun neben fleifsiger
Übung in freier schriftlicher Darstellung, und neben
Sprech- und Denkübungen in der fremden Sprache,
anfangen zu übersetzen. Wir müssen nochmals wieder-
holen, dafs uns übersetzen nicht bedeutet, Wörter
durch Wörter ersetzen, sondern für einen gegebenen
Gedanken eine neue, dem Kreise der betreffenden
Sprache entsprechende Form finden — selbst für den
Sprachkenner eine schwere Forderung! Für den Anfänger ist sie einfach unerfüllbar. Man wird bei
diesen Übersetzungen aus praktischen Gründen gut
thun, möglichst seinem Denkkreise Verwandtes, Nahe-
liegendes zu wählen, da nur dies sich wahrhaft
assimiliert.

Zugleich ist nun der Zeitpunkt gekommen, ein
wissenschaftliches (historisches — komparatives)
Sprachstudium zu beginnen, das erst auf Grundlage
einer tüchtigen Kenntnis des modernen Sprachzu-
standes wirklich gedeihen kann. Man vergesse
allerdings hierbei nicht, dafs für sprachvergleichende
Zwecke es notwendig ist, sich mit der ganzen Gruppe,
der die betreffende Sprache angehört, sei es auch
nur oberflächlich, bekannt zu machen, da man natürlich nur Dinge vergleichen kann, die man kennt.

Was nun die praktische Durchführung der hier
nur in groben Umrissen gezeichneten Methode betrifft, so haben wir, um Missverständnissen vorzubeu-
gen, zu bemerken, dafs wir hier versucht haben, die
Frage zuvörderst, losgelöst von allen speciellen Ver-
hältnissen und Unterrichtsformen, im Princip zu beantworten, da doch diese Lösung des Problems
allen weiteren Erörterungen voraufgehen mufs.

Eine tiefer gehende Untersuchung in dieser
Richtung hätte, abgesehen von vorläufig minder wich-

tigen oder leicht zu beantwortenden Detailfragen, die Modifikationen ins Auge zu fassen, die unsere Ausführung etwa zu erleiden hätte, wenn es gälte, Mittel für den Selbstunterricht zu schaffen, oder das Problem des Sprachstudiums im Lande selbst oder im Verkehr mit Angehörigen der betreffenden Sprachgenossenschaft zu lösen; sie hätte ferner festzustellen, in welchem Alter man etwa mit der künstlichen Spracherlernung zu beginnen habe [1] welchen Einflufs auf die Gestaltung des Unterrichts die Individualität einer bestimmten Sprache ausüben wird; ob und wieweit überhaupt auch beim Massenunterricht die modernen Sprachen sich als lebende Sprachen behandeln lassen, — denn dafs, wenn aller Unterricht individuell sein soll, dies in hervorragendem Mafse vom Sprachunterrichte gilt, ist unschwer einzusehen.

Diese und andere naheliegenden Specialfragen müssen wir hier unerörtert lassen, da es uns zunächst darum zu thun war, eine Grundlage zu finden und das Terrain abzustecken.

Wir sind völlig überzeugt, dafs unsere Ansichten, mit denen wir übrigens keineswegs allein stehen,[2] nicht nur keine Utopieen, sondern sogar die Ansichten einer nahen Zukunft sind. Die Anzeichen einer bevorstehenden Besserung mehren sich. Die nötigsten Hilfsmittel für ein naturgemäfses Sprachstudium werden sich bald finden. Man gestatte uns hier noch, heute schon auf einige treffliche Arbeiten der Art hinzuweisen. Ein Muster für die Bearbeitung einer gesprochenen Sprache ist SWEETS

---

[1] Man erwäge hier Rousseaus Bedenken gegen allzu zeitiges Erlernen fremder Sprachen (Emile, Livre II).

[2] So verweisen wir u. a. auf QUOUSQUE TANDEM, der Sprachunterricht muss umkehren (1882) und SAYCE, How to learn a Language. Nature, May 29. 1879.

Sounds and Forms of Spoken Swedish. Für das Englische besitzen wir schon VIETORS warm zu empfehlende, kurze *Englische Formenlehre* und STORMS *Englische Philologie*, ein ungemein reichhaltiges Buch, das u. a. sehr zuverläfsige feine Beobachtungen aus dem Gebiete der gesprochenen Sprache und sehr schöne Charakteristiken der verschiedenen Sprachschichten (zeitlich — geographisch — social) enthält, das aber seiner Anlage nach für Studierende und Lehrende bestimmt, dem Lernenden nur indirekt nutzbar gemacht werden kann. In allen diesen Werken finden sich auch zuverläfsige Angaben über die Laute der betreffenden Sprachen. Knappe, aber scharfumrissene Skizzen individueller Lautsysteme (Englisch — Französisch — Deutsch — Holländisch — Isländisch — Schwedisch — Dänisch [1]); — Nordwelsch [2]); — Russisch [3]); — Portugiesisch [4]); hat SWEET gezeichnet. Die portugiesischen Laute sind aufserdem noch bearbeitet worden von Prinz L.-L. BONAPARTE [5]); und neuerdings, gleichzeitig mit SWEET von VIANNA [6]). Das Norwegische hat BREKKE [7]) zum Gegenstand einer Untersuchung gemacht und mehrere andere derartige Einzeldarstellungen stehen in Aussicht.

Mehr und mehr dringt die Sprachforschung bis zur lebenden Sprache und bis zum Indivi-

---

[1]) *Handbook of Phonetics* 1877.
[2]) *On Spoken North Welsh* in *Proceedings of the Philological Society*, Febr. 1881.
[3]) *Russian Pronunciation* 1878.
[4]) *Spoken Portuguese* 1883 (enthält auch eine Darstellung der Verbalflexion auf Phonetischer Basis).
[5]) *Transactions of the Philol. Society* 1880—81.
[6]) *Romania* janvier 1883.
[7]) *Bidrag til dansk-norskens lydlære*. 1881.

duum vor, und wir dürfen hoffen, dafs Wissenschaft und Praxis sich zum schönen Bunde die
Hand reichen, um ein Ziel, das man fast für un-
erreichbar hielt, auch dem minder Befähigten und
minder Begünstigten nahe zu rücken.

ERKLÄRUNG DER LAUTSCHRIFT.

(e)   geschlossenes *e* : dtsch. (zĕ) 'See', (te-ā·-tər) 'Theater'.

(æ)   offenes *e* : dtsch. (lǣ·-mɔn) 'lähmen'.

(ö)   geschlossenes *ö* : dtsch. (lö·-zɔn) 'lösen'. Nicht kurz im Deutschen.

(œ)   offenes *ö* : dtsch. (gœtər) 'Götter'. Nicht lang im Deutschen.

(ə)   kurzes, dumpfes *e* unbetonter Nebensilben.

(z)   »weiches« (stimmhaftes) *s* in norddeutschem (lē·-zɔn) 'lesen', (zĕ) 'See'.

(š)   = dtsch. *sch*. (šā·-də) 'Schade'.

(ž)   »weiches« (stimmhaftes) *sch*. (žĕ-ni·) 'Genie', (žurnā·l) 'Journal', dtsch. !

(·)   bezeichnet den Wortaccent *(stress)*.

In den französischen Wörtern ist der Wort-accent, weil ziemlich gleichschwebend auf alle Silben verteilt, unbezeichnet gelassen. Man hat, wie man aus dem gleichmäfsigen Schlage des Uhrpendels die verschiedenartigsten Rhythmen heraushören kann, auch den französischen Wortaccent nach und nach und schon auf nahezu allen denkbaren Silben gehört (s. Merkel *Über den französ. Wortton)*. Im einzelnen wird dann die Lage des Accents teils noch von dem alten Endbetonungsprincip, teils von der Vokalquan-tität, teils von der Stellung des Wortes im Satze, teils von der rhetorischen Betonung bestimmt. Als wesentliches Moment für den französischen Accent ist auch die Tonhöhe *(pitch)* in die Untersuchung zu ziehen, und diese hat durchaus vom ganzen Satz auszugehen. Die Akten über die Frage sind noch nicht endgiltig geschlossen.